This Hip-Hop Word Search Book belongs to:

The solutions can be found on pages 42–48.

```
A F R I K A B A M B A A T A A
D Z L Z I E A D V N T Y X R K
O P I D W C V Q K O T Z Q C F
W N B A Q B K U H T J U O E O
B D S N Q E W D W A P R N D M
D X O G D A J F K F N J S P P
Z A W I R G B L N W L R Z Q G
H S J D Y L R W O N E B A Y G
S E W A W C S D I K R O L P W
C W V S Y D F V A P B O L K B
I N U E P G X E P D O M A N O
L A O F O U N A K I V B P G S
L W G X Q S P A J Y V A G F R
Q B Y J N U E R R R J P K V Z
E G I O J Y L N O H S O M L J
```

AFRIKA BAMBAATAA   DAS EFX   SNEAKERS

BOOMBAP   DOWNROCK

ⓘ **Did you know?** Afrika Bambaataa is one of the most influential people in the history of hip-hop. He is one of the originators of breakbeat DJing.

```
B K U L V N G W R J K H I J J
Z C R A Z Y L E G S Z K X P I
S Z S I T L E K F B C Y Z S I
C A G Y Z L C H U B O D O G M
U G M K Q K A G P R V R C D R
K Q N D K E R U B F A Q P D C
M C N H K O O V R E B B C T Q
Q O G D X J O C V Y Y Q V Q L
D U K Z X J P L R F N Y V R B
N J C L A B D A G F C H H R O
J G G R C G F O M R J M I Y H
V B E A T B O X X N A I A L S
C B I G J T Z I F R R P A K L
E P Z R I P U S L A N G J P I
I A V A Y A W N I Z C Y J A G
```

BEATBOX   KOOL G RAP   SLANG

CRAZY LEGS   LAURYN HILL

ⓘ **Did you know?** Lauryn Hill is a rapper, singer, songwriter, and actress. She is often regarded as one of the greatest female rappers of all time.

```
X  P  I  S  Z  S  I  T  L  E  K  F  B  C  L
B  E  A  S  T  I  E  B  O  Y  S  Y  Z  S  O
I  C  A  G  Y  Z  C  H  U  B  O  D  O  G  V
M  U  B  G  M  K  Q  K  G  P  R  V  R  C  E
D  R  K  R  Q  N  D  E  R  B  F  A  Q  P  B
D  C  M  C  A  N  H  K  O  V  E  B  B  C  U
T  Q  Q  O  G  N  D  X  J  C  V  Y  Q  V  G
Q  L  D  U  K  Z  D  X  J  P  R  F  Y  V  S
R  B  N  J  C  L  A  N  B  D  A  F  C  H  T
R  O  J  G  G  R  C  G  U  F  O  M  J  M  A
Y  H  V  X  N  I  A  S  C  B  B  I  G  J  R
T  F  U  G  E  E  S  Z  I  F  I  R  R  A  S
K  E  P  Z  R  I  P  U  J  P  I  A  I  A  K
V  A  Y  A  W  N  I  Z  B  B  O  Y  N  C  I
Y  J  A  G  X  C  N  O  J  R  H  C  V  E  Y
```

B BOY   BRAND NUBIAN   LOVEBUG STARSKI

BEASTIE BOYS FUGEES

ⓘ **Did you know?** Beastie Boys originally wasn't just a name, it was an acronym. BEASTIE stood for „Boys Entering Anarchistic States Towards Inner Excellence".

```
V M P I M T H S K M A G N L K
H L T R P D X V N Y E E I L L
P F X C Q I D D N D R T N L D
E L E C T R I C B O O G I E I
S K M C H N V H J K K Q N M I
Q B C I T E P S J Q J V U X V
V O F F C V N A A K Q W O Y K
H M V G D R T J A L T K N A X
H B Q B L N O U O Z S A P J Y
E I V N N E S P R E H X X U Z
F N B B E L G P H S C W M T H
Z G X G K C G N C O E V L Q I
P J F X S C E M H P N E X V N
F V K F Y Q J W O D O E A T G
F A J E R U T H E D A M A J A
```

BOMBING   JERU THE DAMAJA   MICROPHONE

ELECTRIC BOOGIE   MC SHAN

ⓘ **Did you know?** MC Shan is best known for his song „The Bridge" produced by Marley Marl, and also for collaborating with Snow on his hit „Informer".

```
D U U T R P R D A Z S G M W F
E O D M U H X J S S Y N V K Q
A Y C S S R S A D R X M T Z D
T D P W R B N A R E Z O D E Y
H E I H M C J T V I X B R H F
R H W I B S T T A T A Y L A J
O C T C A V X A M B Z Y G R C
W Y U M S G B T Q N L B O D B
R D C M V I W R B K R E C T K
E I M O D Q O T N H P Q S O K
C Q V D E P X D V A N R L E U
O G I C Z U L U K I N G S A H
R F L B W G L V E S Z P Q R I
D A E F C H K R V K P C G N H
S Y J Z T E G Z A T N I T H R
```

DEATH ROW RECORDS   TIMBS   ZULU KINGS

HARD TO EARN   TURNTABLES

ⓘ **Did you know?** „Hard to Earn" is the fourth studio album by Gang Starr. It was released on March 8, 1994.

```
X  B  B  T  B  G  U  N  Q  L  X  S  R  J  F
E  V  I  W  O  D  F  Z  N  Z  C  E  D  A  P
I  M  W  G  G  P  B  Y  Y  T  C  Q  A  Z  Y
H  R  R  F  D  N  R  C  T  A  R  W  E  X  P
C  V  A  K  C  A  O  O  F  E  Y  F  G  E  L
J  J  C  Y  X  B  D  R  C  T  P  S  S  Z  O
G  F  D  D  F  H  A  D  H  K  F  L  A  T  R
E  H  A  J  H  C  Q  D  Y  S  R  S  O  N  X
S  O  H  V  S  V  Z  E  C  K  N  W  M  L  H
R  B  U  S  Y  B  E  E  S  T  A  R  S  K  I
H  P  L  L  H  H  C  C  B  T  O  N  J  D  O
G  T  T  V  L  Q  R  Q  F  P  M  V  E  U  M
X  Z  L  V  W  M  J  C  Y  B  N  W  N  Y  Q
R  A  P  P  E  R  S  D  E  L  I  G  H  T  E
F  L  E  S  C  A  E  G  Z  K  C  J  W  V  A
```

BIG DADDY KANE   RAPPERS DELIGHT   TOPROCK
BUSY BEE STARSKI   SCARFACE

ⓘ **Did you know?** „Rapper's Delight" - A hit that truly wrote music history. It was the first rap song to ever make the US Billboard Hot 100. It was released in 1979.

7

SEARCH HERE ↓→↗↘

```
C R I M I N A L M I N D E D P
I N V G H F L E R V I S W P B
U T A G G I N G H J C R S B M
L I A W N H F R M W I D W L W
N L S T A T E N I S L A N D V
W A S Z Y K B M U K A S T U N
T A X G C U N V Z O O B D B J
H X C E J R A Q N R H Q R T A
N D D D B T A T P P W C Z E M
O I I S Y I Y N J L W B D C O
X C P S Y S U E K Z X A L H Z
C Y L L B B Z T W B B C Q N A
Q I U Z Y L Z L U I C B T I Q
C C F B K O X M I X K Z B C B
F J N K Z W F G Q D H Q H S T
```

CRIMINAL MINDED STATEN ISLAND TECHNICS
KURTIS BLOW TAGGING

ⓘ **Did you know?** A district in Staten Island (New York) is officially named the „Wu-Tang Clan District".

8

```
T  H  K  X  F  V  K  N  U  C  M  U  C  O  C
I  M  B  M  A  I  N  S  O  U  R  C  E  T  V
D  G  D  R  Z  Z  O  Y  L  J  C  O  J  V  T
E  N  P  H  B  E  P  M  F  J  C  Z  Q  K  U
R  P  C  T  R  S  U  F  D  W  Z  W  V  V  P
G  E  S  U  O  M  O  H  Z  M  T  C  W  S  A
C  M  S  R  O  U  V  L  R  U  Z  Q  N  Y  C
J  Q  P  N  K  Q  Q  L  K  J  Q  E  I  B  S
B  J  F  T  L  J  A  G  U  G  E  B  Z  K  H
V  Y  B  A  Y  D  C  H  M  U  M  J  X  H  A
M  Y  X  B  N  S  M  Q  Q  G  Z  G  A  F  K
C  S  X  L  K  A  I  C  F  P  U  B  D  U  U
B  V  K  I  X  M  E  G  H  W  B  X  E  F  R
B  E  D  S  E  W  Z  L  J  F  G  F  E  Z  R
H  E  S  M  K  K  Q  X  X  L  I  P  A  G  H
```

BROOKLYN   QUEENS   TURNTABLISM
MAIN SOURCE   TUPAC SHAKUR

ⓘ **Did you know?** Both of Tupac Shakur's parents, Afeni Shakur (mother) and Billy
Garland (father), were active members of the Black Panther Party in NYC in the late
1960s and early 1970s.

```
N V U Q M B A X K K H A Y X G
Y B E F J D H I B Z E Z U J N
E P E X R T A R V N O D J N J
Q Z W R B I L L B O A R D H J
B U G U G U C T P R T T F T Y
O Y E G H C C T U K O H O I H
M B F E S A D E Q C O V L H Y
O E I H N Q J I P E S X L R P
Q O T R Q L B I A E H K K G N
X B H H A Y A P K J O X K L O
I S M D O Z W T C N R I O A T
G Z C V V D Q X I J T X E O I
C I O B S R M M A F C D J X Z
T H U S R G Y A R T A C W C E
P W F Y Y A Q Y N M F H N I G
```

BILLBOARD   METHOD MAN   TOO SHORT
HYPNOTIZE   QUEEN LATIFAH

① **Did you know?** Rolling Stone ranked Biggie's song „Hypnotize" as number 30 on their list of the „100 Greatest Hip-Hop Songs of All Time".

```
T  F  R  N  P  G  J  O  W  T  O  L  S  Q  J
N  O  D  Y  N  V  U  Q  M  B  A  O  X  K  K
H  A  Y  X  G  Y  B  E  F  L  J  S  D  D  H
I  B  Z  E  Z  U  J  N  R  E  P  A  E  R  X
R  T  A  R  V  N  O  A  D  J  N  N  J  U  Z
W  R  H  J  B  G  M  U  G  U  C  G  T  M  P
W  R  T  F  T  Y  Y  O  Y  G  G  E  H  M  C
C  I  T  U  E  K  H  O  I  B  U  L  F  A  S
A  D  L  L  E  Q  C  V  L  H  R  E  O  C  I
H  Q  R  D  J  I  P  E  X  L  U  S  R  H  Q
O  A  R  Q  S  B  I  A  E  K  K  G  X  I  B
M  H  A  Y  P  T  K  J  X  K  L  I  S  N  M
D  Z  W  C  N  I  Y  O  A  G  Z  C  V  E  V
Q  X  J  X  E  O  C  L  I  O  B  S  R  M  A
C  D  J  X  T  H  U  S  E  R  G  Y  R  T  C
```

DRUM MACHINE   LOS ANGELES   WILD STYLE
GURU   MARLEY MARL

ⓘ **Did you know?** The name Guru stands for „Gifted Unlimited Rhymes Universal".
The rapper died in New York City in April 2010.

```
T F R N P G J O W T O S Q J N
O D Y N V U Q M B A X K K H A
Y X G Y B E F J D H I B Z F E
Z U J N E P E X R T A R V U N
O D J N J Z W R H J B G U R G
U C T P R S T F T Y B O Y I G
H C C T U P K H O I R B F O B
S A D E Q R C V L H E O I U O
H Q J I P A E X L R A Q O S O
R R Q B I Y A E K K L G X F M
B A H A Y C P K J X K L I I B
S M K D Z A W C N I O A G V O
Z C V I V N Q X J X E O C E X
I O B S M R M A C D J X T H U
S R G Y R T C W C P W F Y Y A
```

BOOMBOX   FURIOUS FIVE   SPRAYCAN
B REAL   RAKIM

ⓘ **Did you know?** At the age of 16, Rakim converted to Islam and adopted the name, Rakim Allah.

12

```
L J P H S G U J P T D S J K G
P R W L K Y C Q B O E A Z M P
R A W E A H J G U U O A I N A
O I Q S X N J H A Z M F L I Q
D B Q E J B E G S H F Z S W Q
U O X R X B I T A K H R C B V
C Q T Z J I R P R L G X V A N
E T U B Q G J G E O M P O T E
R G F D M Q N I P E C E Z T O
S T J F F I P J L G Z K H L G
M Z E N P Z A R Y Y C I C E G
K Y F P Z W A D J D E M Q R F
S E O L X H G I K H C Z Y A J
K P C T T I M V M A K R C P R
Z X J J I H H D S O S N Y L Y
```

BATTLE RAP PLANET ROCK PRODUCER
HARLEM   POPPING

① **Did you know?** Besides „Rapper's Delight" by The Sugarhill Gang and „The Breaks" by Kurtis Blow, „Planet Rock" by Afrika Bambaataa is one of the most important songs in hip-hop history.

```
S  G  R  L  Q  Q  P  L  O  W  R  I  D  E  R
G  Q  E  E  G  G  E  Z  T  Q  Z  V  B  Z  O
S  S  W  D  S  T  K  V  R  I  T  G  D  F  U
L  V  P  H  B  I  W  K  I  W  N  B  I  A  C
V  H  Y  N  Z  Z  B  E  Z  I  Y  T  A  O  T
Y  A  G  N  F  F  R  Q  K  K  W  T  M  N  Z
I  N  P  G  O  L  Z  C  F  Z  V  M  O  B  W
M  X  D  N  O  C  O  I  L  M  X  D  N  Q  X
S  X  A  O  T  L  W  L  W  R  G  A  D  B  Q
Q  X  R  R  W  D  R  B  M  O  F  N  D  J  T
Y  Z  B  O  O  W  F  U  E  O  E  M  C  L  A
B  W  S  X  R  H  D  O  N  F  W  P  D  V  M
R  W  K  V  K  Z  T  G  J  D  D  Z  C  Z  O
K  A  K  X  V  K  P  T  T  O  M  U  V  D  C
C  X  B  J  B  P  I  M  B  F  U  C  X  A  V
```

DIAMOND D LOCKING   RUN DMC
FOOTWORK   LOWRIDER

ⓘ **Did you know?** Run-DMC were the first hip-hop act to make the cover of Rolling Stone magazine.

```
O  W  N  L  A  A  X  D  J  S  L  Y  E  E  N
G  R  M  E  L  L  Z  K  O  D  M  G  J  I  U
D  Y  G  N  N  U  Z  Q  P  C  I  A  K  Q  V
Q  E  L  H  I  P  X  Z  F  B  Y  F  X  U  V
L  D  K  X  I  V  S  M  S  H  I  U  V  I  E
D  Q  X  T  V  J  F  U  C  D  U  E  T  N  E
B  N  Q  F  G  T  O  F  L  V  Y  B  U  C  S
N  Z  T  G  Y  I  D  Z  U  Z  C  D  X  Y  K
F  S  E  I  R  W  A  M  A  X  H  C  S  J  Q
M  F  N  O  D  G  W  E  L  U  U  A  E  O  Y
R  U  T  W  I  U  O  F  Q  A  C  F  R  N  F
H  O  H  U  H  J  F  F  K  R  K  N  C  E  N
N  Q  E  U  I  G  K  P  V  F  D  C  K  S  Y
F  O  H  O  I  U  F  H  X  D  D  K  T  N  R
Y  T  X  D  J  G  T  L  X  Q  Q  P  X  F  Z
```

CHUCK D	NOTORIOUS BIG	QUINCY JONES
EAZY E	Q TIP	

① **Did you know?** The Notorious B.I.G. and Michael Jackson worked together on a track called "This Time Around".

O	N	A	P	W	N	U	A	Q	S	B	C	D	F	L
D	K	W	A	N	V	C	W	V	Z	K	J	D	E	C
T	C	C	U	N	H	F	J	X	V	G	E	R	V	H
O	S	T	R	A	H	J	E	J	B	K	C	X	W	B
N	O	V	P	V	G	I	C	E	T	T	O	T	Q	I
Y	J	X	X	A	D	Y	D	W	F	H	D	X	E	E
T	X	I	T	M	C	S	U	Z	O	X	L	F	R	T
O	F	J	L	W	X	Q	X	H	Y	R	V	D	V	N
U	F	R	E	C	O	R	D	S	M	S	R	X	V	X
C	L	I	W	S	J	R	L	U	T	D	S	B	I	X
H	R	C	A	F	R	O	X	I	J	S	Y	M	K	Q
A	U	M	V	B	Y	W	F	G	H	L	E	O	W	D
S	Y	P	Y	O	P	H	I	A	U	R	R	H	R	Z
U	K	V	M	E	Q	P	U	W	X	N	T	Z	S	L
H	H	C	Y	T	I	T	R	K	S	A	W	K	I	S

DR DRE   RECORDS   TONY TOUCH

ICE T   REMIX

① **Did you know?** Dr. Dre and Warren G became stepbrothers when Dre's mother and Warren's father married, bringing the two families together. Incidentally, it was through Warren G that Dr. Dre met his future best buddy Snoop and signed him to a contract.

```
D G S D I O N Y X D A E T O K
S H M P R D S M Z W L D P S W
G F D Y A P H S R I A P U W R
G T S M O S G E W A X H A Z O
L B T E X G X H A X P G P Z F
U P I F U B A L H W D P S V R
J K D G L K E B J M I U E H L
T I T Z X M C Q P C C L B R H
Q E U F Q L H Y S T N K W Q O
T H C G A N G S T A R A P K N
L Z J X S I L V K E Z A B I J
M L O R D F I N E S S E S Y F
I D S O I Z P X L L R L M R Y
D Q C E S E U L R W X O T Q C
R A X F S V N N E W Y O R K M
```

GANGSTA RAP   NEW YORK   RAPPER
LORD FINESSE   ONYX

ⓘ **Did you know?** 1520 Sedgwick Avenue in New York (Bronx) is considered the birthplace of hip-hop. DJ Kool Herc threw a party for his sister. It was the first time all the elements of hip-hop culture came together: breakdancing, graffiti, DJing and MCing.

```
G H T D J U I C Y G S D I D A
E T O K S H M P R D S M Z W L
D P S B W G F D W Y A P H S I
A P U L W R G T S O M O S G E
W X H O A Z O L B T R E X G X
H A X C G P Z F U P I D F U B
A L H K W D S V R J K D U G L
K E B P J M I U H L T I T P Z
X M C A Q P C C L B H Q E U F
Q L H R G A N G S T A R R Y S
T N K T W Q O T H C K N L Z J
X S I Y L V K E Z A B I J M S
Y F I D S O I Z P X L L R L M
R Y D Q C E S E U L R W X O T
Q C R A X F T O A S T I N G S
```

BLOCK PARTY   JUICY   WORD UP
GANG STARR   TOASTING

ⓘ **Did you know?** „Juicy" is the first single by The Notorious B.I.G. from his 1994 debut album, „Ready to Die". It was produced by Poke of Trackmasters and Sean „Puffy" Combs (Puff Daddy).

```
D G S D V I N Y L I D A E T O
K S H M P R D S M Z W L D P S
W G F D Y A P H C S I A P U W
R G T S M O S G E O W X H A Z
O L B T E X G X H A O X G P Z
F U P I F U B A L H W L D S V
R J K D G L K E B J M I I U H
L T I T Z X M C Q P C C L O B
H Q E U F Q L H Y S T N K W Q
O T H D J J A Z Z Y J E F F C
K N L Z J X S I L V K E Z A B
L A R G E P R O F E S S O R I
J M S Y F I D S O I Z P X L L
R L M R Y D Q C E S E U L R W
X O T Q C R A W A R R E N G X
```

COOLIO   LARGE PROFESSOR   WARREN G
DJ JAZZY JEFF   VINYL

ⓘ **Did you know?** Theodore Livingston, better known as Grand Wizzard Theodore, is widely credited as the inventor of the scratching technique.

```
J  B  X  X  P  T  P  D  W  T  X  M  S  G  R
S  F  T  S  G  Z  X  I  Q  Y  S  O  O  X  P
U  G  K  Q  O  Z  Y  H  D  S  I  S  U  S  W
G  V  D  P  T  Q  G  V  R  I  D  B  L  N  J
A  G  L  C  O  M  M  O  N  N  G  H  S  E  L
R  L  A  I  G  H  A  Y  O  I  M  H  O  H  F
H  W  J  P  R  A  Z  C  E  T  B  Z  F  Q  B
I  W  Y  T  A  S  E  O  U  L  F  B  M  I  G
L  K  A  G  F  A  T  U  R  J  H  E  I  W  V
L  U  T  K  F  T  L  T  B  M  A  Y  S  E  C
G  S  Y  K  I  P  M  K  U  U  R  U  C  S  Q
A  Z  H  I  T  Z  I  A  H  S  F  T  H  O  I
N  F  X  K  I  I  C  S  G  O  S  Q  I  O  R
G  F  V  G  K  P  A  T  F  V  L  X  E  Q  V
X  N  T  F  N  U  G  D  X  B  Z  J  F  Q  J
```

COMMON	OUTKAST	SUGARHILL GANG
GRAFFITI	SOULS OF MISCHIEF	

ⓘ **Did you know?** The word graffiti comes from the Greek word „graphein" which means „to write". Graffiti was first found on ancient Roman architecture, where they carved images out on walls.

```
K A W Q M B M O J P N K G U X
J V R M G D E F J A M C P P G
R Z S A Y C K A W Z A B K S B
K O P I Z U X W Z P V O U P S
M L E E C D E C R E I B A O V
L N Z Y N V F M O M N G L O I
G S K M T F X S M M I H B N J
N S A R Q R Y D S F E R F I A
R C R L C T Q M L P G S X E X
D Q H T T D E L A S O U L G Y
H O Y Q V N H L W I V D S E I
N V M P Q R P G C I O J L E B
U P E P T M W E H B O G H R P
F U S F G J Z S P P F Z J G D
Z T Y Z V I V C P A Z W M T E
```

DEF JAM   RHYMES   SPOONIE GEE
DE LA SOUL   SALT N PEPA

ⓘ **Did you know?** De La Soul is a rap group whose debut album „3 Feet High and Rising" (1989) was one of the most influential albums in hip-hop history.

```
T Q A L X F G H C W V T G G A
P I C U H K M C K S Q X R N T
D J L I U I C E W L W Q J A N
J F Q E R R S G P A B E V Y K
K H S F A Z A Y Y M Z O B R L
O C O O O T A R U W D D X F J
O A P P C H G Y M R N R W P V
L S Z L X E R J K P K W D W W
H S N R W Z M C B E N S H H S
E E W F E T V I L K Y O A W G
R T B R P D A G J O C L M J R
C T Z R R J N B G I R L Q K Q
F E J T S Y I Q B B E G V C X
E L J P N A T I A K I Y O D S
I Y U S B R E A K B E A T F O
```

B GIRL   CASSETTE   EPMD
BREAKBEAT   DJ KOOL HERC

ⓘ **Did you know?** The Cassette Tape, or Compact Cassette, was first developed by the Philips company in 1962.

```
T Q A L X F G H C W V T G G A
P I C U H K M C K S Q X R N T
J J L I U I C C W L W Q J A N
U F Q E R R S R G A B E V Y K
I H S F A Z A Y E Y Z O B R L
C O O O T A R U W A D X F J P
E P C H G Y M R N R M W P V Z
C L X E R J K P K W D W W N R
R W W Z M C B E N S H H S W F
E H E T V I L K Y O A W G B R
W A P D A G J O C L M J R Z R
R C J N Q K Q B R O N X F J T
S K Y I Q B B E G V C X E L J
P N A T I A K I Y O D S I Y U
S F O R I Q R A E K W O N T K
```

BRONX   JUICE CREW   WHACK
CREAM   RAEKWON

ⓘ **Did you know?** C.R.E.A.M. is an acronym of „Cash Rules Everything Around Me"
and one of the most popular songs of Wu-Tang Clan. The phrase Cream has become a
slang term for money.

```
Q R G B G J F W U F E N I F K
U J E G G R G C Z H G Q P S H
W O O I S M O Z T O Q P B S U
V A J S K B A A G T B U Q T T
S F X M J J G A E N V P Q V B
W W K S M E Q K K C Y J C B R
Z Z D I Y T B K W E Z D M Y T
W A S Y T Z P H M F G N H R H
Z M B B V H F Z W T C M L L E
H I A P Z M E A P U O Y F T S
N V T T C R Z R M D M H W V O
F I T R R D I O Z U P Q D Z U
S K L C C Y R R G A T Y S F R
B Z E O K N W J F Y O Q I H C
W Z U Y I K X H H C N U Q C E
```

BATTLE   JAZZ   THE SOURCE

COMPTON   THE RZA

ⓘ **Did you know?** One of the earliest and most infamous battles in hip-hop history occurred in December 1981 when Kool Moe Dee challenged Busy Bee Starski.

```
C C D E V Q Y P H M I R L G N
C Z S A T Y G U A B R P V K B
O C H H I B C N W V Y D U W S
Q I I D N P I Y L Q T E D Y L
C G Z I N M N G X B N D N V R
T F D M S G G J L T V L L R V
U L G E L G O D Q X S T S R V
C M O E Z D G X T A P S U M E
G S N O O P D O G G Y D O G G
B Y D N M A S T A A C E U G E
D E O R Y P F L Y R I C I S M
H J E Y T Q U W O T R U K T O
H R Y Z Z Y U S L J M D I H J
L Q R F E T Z Z O H D F B N T
A F T Q H F R E E S T Y L E A
```

BIG L   LYRICISM   SNOOP DOGGY DOGG
FREESTYLE   MASTA ACE

ⓘ **Did you know?** On February 15, 1999, rapper Big L was killed at 45 West 139th Street, Harlem after being shot nine times in the face and chest in a drive-by shooting.

```
F  Z  B  E  A  T  S  T  R  E  E  T  I  Y  K
I  R  R  K  Q  M  Q  A  W  A  R  D  Q  Z  D
O  I  O  N  L  O  D  Z  M  L  F  P  Y  U  A
G  E  L  B  M  A  D  Y  H  D  C  A  P  I  Z
P  E  T  E  R  O  C  K  S  I  J  Z  N  U  J
N  H  X  Z  P  T  P  S  T  B  R  C  Q  C  T
C  C  R  E  D  M  A  N  O  R  N  V  J  Z  P
N  J  J  N  E  A  X  R  E  J  K  I  S  I  K
Q  G  C  S  V  R  H  M  U  D  O  G  W  F  Q
I  K  T  W  P  D  M  W  R  R  C  P  Q  R  A
J  D  G  C  A  A  F  H  Q  K  G  B  Q  F  N
J  G  R  K  H  V  N  H  K  D  E  M  V  K  G
M  Z  Q  C  H  M  W  F  V  N  S  V  O  L  V
A  D  M  D  C  M  T  F  D  N  Q  Y  G  V  I
D  R  G  E  T  O  B  O  Y  S  N  J  B  L  N
```

BEAT STREET   MC HAMMER   REDMAN

GETO BOYS   PETE ROCK

ⓘ **Did you know?** MC Hammer has sold more than 50 million records worldwide. He was the first hip-hop artist to achieve diamond status for an album.

```
Y  P  N  T  F  I  H  T  G  J  E  D  M  X  F
G  U  D  G  S  L  B  H  L  P  C  D  I  Z  R
M  B  G  Z  Q  P  T  M  O  Y  J  X  L  F  A
N  L  M  J  D  M  L  A  R  I  O  D  L  S  D
G  I  S  C  P  M  D  K  C  S  A  G  M  Z  O
W  C  V  I  R  W  W  A  M  N  C  W  A  F  Z
P  E  M  B  F  R  V  V  L  E  D  G  T  J  L
C  N  N  L  F  I  C  E  C  U  B  E  I  M  P
W  E  J  N  V  N  A  L  M  M  Z  Z  C  A  U
X  M  U  W  A  H  Q  I  U  N  G  C  E  O  I
G  Y  V  A  D  Z  R  I  X  P  H  R  S  R  M
S  G  Z  W  G  K  Z  O  C  D  M  T  V  P  B
D  A  T  W  H  H  P  Y  G  O  I  Y  Y  M  U
O  L  B  E  K  Z  I  D  G  B  J  C  W  I  L
B  T  E  B  N  X  T  H  W  L  I  O  J  O  Z
```

ICE CUBE   MAKAVELI   PUBLIC ENEMY
ILLMATIC   NWA

ⓘ Did you know? Makaveli is a variation of the name Machiavelli, which the rapper 2Pac gave himself shortly before his death. Machiavelli was an Italian philosopher and poet. It is said that he once faked his own death and came back 18 years later.

27

```
O  L  D  P  L  K  A  O  Q  D  O  B  A  W  A
F  R  Y  W  H  D  I  U  J  M  G  O  M  R  H
Q  D  T  U  P  C  V  R  S  L  F  B  E  B  X
G  X  H  P  O  W  M  D  A  T  X  I  M  E  J
M  H  E  E  O  Z  A  R  M  K  P  A  U  Q  I
I  S  P  G  S  U  S  A  P  L  X  L  Y  N  R
S  J  H  B  H  G  T  M  L  H  B  T  K  A  X
Y  V  A  E  L  K  A  L  I  N  Y  N  N  D  F
Y  A  R  P  V  Y  K  E  N  V  U  I  G  F  K
Z  Y  C  A  R  E  I  W  G  F  X  V  C  A  K
G  B  Y  A  X  K  L  Z  G  T  R  V  X  K  N
A  T  D  M  H  U  L  P  Y  U  B  U  B  V  G
L  D  E  R  I  M  A  L  Z  Q  Q  H  X  S  J
F  Y  X  V  N  N  F  K  Z  U  B  H  V  H  L
N  A  U  G  H  T  Y  B  Y  N  A  T  U  R  E
```

G FUNK   NAUGHTY BY NATURE   THE PHARCYDE
MASTA KILLA   SAMPLING

ⓘ **Did you know?** Dr. Dre is considered a pioneer of G-Funk. G-Funk is short for „Gangsta Funk", a sub-genre of gangsta rap that emerged from the West Coast scene in the late 80s.

```
J K S I K M R X E V Y B T E R
Q I N P C I P K W Y L P F B E
Q U D U H E K D T O J V R M A
G X F I V W A R O L V E R Z S
R I U W P V M H J U I Q K M O
A G L C Y N C R R M Z S N Z N
V B O H E S Y J E U O B O S A
E H Q X D S Q R X N I T Y L B
D E W L F R P D F Z C J N V L
I A O Z C J C L Y X R Z V J E
G D K S D C L E Q K E Y K W D
G S C I X P B U F B J Q S C O
A P Y X S I Y I A T Z W Z I U
Z I K V Y L Y G E G X T B I B
B N I P E Y A A Z O H J F C T
```

DJ PREMIER HEADSPIN REASONABLE DOUBT
GRAVEDIGGAZ OLDSCHOOL

ⓘ **Did you know?** Jay-Z's debut album „Reasonable Doubt" was originally called „Heir To The Throne".

```
E  M  B  P  R  T  J  T  I  E  S  D  F  K  U
B  G  S  O  U  T  H  B  R  O  N  X  K  X  S
I  W  M  R  F  F  G  N  F  W  W  G  T  C  E
U  H  T  U  V  P  N  H  F  A  I  P  E  W  W
N  E  L  L  K  J  P  N  K  O  T  L  T  E  B
B  J  Q  L  L  C  O  O  L  J  Q  J  H  S  L
N  S  N  V  X  A  R  D  L  A  D  Y  E  T  W
A  K  V  O  Y  P  H  V  F  U  D  S  I  C  V
F  R  D  H  T  Y  N  W  T  V  J  H  N  O  N
P  Z  R  Z  Z  X  C  Z  J  O  E  V  F  A  Q
X  X  I  J  L  S  W  K  J  W  U  U  A  S  V
Y  C  R  E  W  N  A  U  F  X  F  Z  M  T  J
I  K  N  A  S  M  A  U  Y  W  S  S  O  D  D
Q  G  H  P  I  C  N  V  X  Q  R  E  U  M  Z
I  P  W  D  W  B  W  B  L  X  J  H  S  T  S
```

CREW   SOUTH BRONX   WEST COAST
LL COOL J   THE INFAMOUS

ⓘ **Did you know?** LL Cool J has written four books.

```
Q L M R I F I F R Y ꞁ J E S N
J X D O U G E F R E S H J Y Z
D Q S I R Y C K J R K G A P I
J B B I S F F C V T N G M L S
M Q Y T U M H M S T N C M K P
V Z Q Y U T K A Z G C I A J K
N X U Q G X O O E O G K S C U
K C U N P C E F W V L U T N W
S Q B A T U M O B B D E E P B
P L D S J V E R W B U K R V E
Q P A K T T D U Q A P S J H S
Y E H E G I K M Q X S X A R E
P B M I W A N O V M U B Y Z X
B M A N B Q M W F O C W X N C
H W Q L R E A D Y T O D I E G
```

DOUG E FRESH   JAM MASTER JAY   READY TO DIE

EAST COAST   MOBB DEEP

ⓘ **Did you know?** „Ready To Die" is the only Notorious B.I.G. album that was released during his lifetime. His second album, „Life After Death", was released two weeks after he was shot in March 1997.

```
Z B N X R C V H T P F O U U C
X B U E Q E S R D O L F R T R
D K L O Y F G R L J C Z E L P
Q J I N J Z U K Z F Q J Z W B
T D N V I D Z K J D R U O J V
O P A K X S B T I O M V I X E
J T S X R D R Z A P J E A K V
F Y I N B S J Q X E T G S M T
X K C N J C P V P J R F H J T
U F B X U R E W Q W V A X Y H
D A O R T M B G P H Q V P X O
A W U T A N G C L A N I Y P J
E L B Z H Y S G T G H Z H D F
C Q T H E B E A T N U T S Z T
Q P U Z Q K C K Z A N C U I W
```

DJ QUIK   NAS   WU TANG CLAN

DOPE   THE BEATNUTS

ⓘ **Did you know?** Nas' father Olu Dara played the trumpet solo at the end of the Illmatic track "Life's a Bitch".

A	P	L	N	A	B	M	L	K	X	G	L	D	V	U
G	K	R	L	K	Y	E	P	G	R	G	F	M	Z	G
O	C	O	B	V	R	I	D	Y	N	N	Z	B	Y	T
P	C	C	L	I	O	Q	S	M	S	E	P	U	G	E
E	R	K	V	B	A	F	W	T	A	Z	T	Y	I	W
W	Y	S	H	U	A	O	J	V	X	A	P	K	D	T
Z	H	T	P	G	D	U	B	B	M	E	R	C	B	X
I	J	E	Z	O	B	J	C	S	I	A	J	Z	B	E
D	Z	A	X	L	A	D	W	Q	M	F	P	X	R	P
W	Y	D	O	D	C	D	B	Z	W	R	X	U	R	H
Z	F	Y	K	E	K	L	I	B	X	E	O	Y	F	V
X	F	C	N	N	S	B	L	W	W	S	S	O	V	Z
G	B	R	O	E	P	X	A	M	I	H	D	E	C	T
Z	X	E	P	R	I	J	A	K	M	Z	W	B	I	J
A	W	W	X	A	N	F	S	Z	L	H	S	O	A	L

WORD LIST

BACKSPIN   FRESH   ROCK STEADY CREW
BIZ MARKIE GOLDEN ERA

ⓘ **Did you know?** In 2002 Biz Markie appeared in the movie „Men In Black II" as a beatboxing alien.

```
M Y O Z F O A D N O J T W W S
H D Q H C D L S E W Y O H Q N
E H A B E I K P I D N W V Y J
T H E C H R O N I C O Y A Q T
Y U X X P R Z L I S X J E G L
B N Q B O D E A S Y M O B E E
S S B D W A F P B E L B W H
O G E G E V E X D K E H N P J
L Q E K R T H E M E S S A G E
I D Q A M M O P L Z S U U U A
D R U B O U K H R J V F S M W
O G Z I V O N X X R Z W T O F
R U S W E Z V B N I K D T W Z
L R H R D A I U E R I D X N O
F B L A C K S U N D A Y N Q I
```

BLACK SUNDAY   POWERMOVE   THE MESSAGE
EASY MO BEE   THE CHRONIC

ⓘ **Did you know?** Black Sunday is the second studio album by Cypress Hill. It was released on July 20, 1993.

```
K X D F F X H E H R O M N O C
R J U N G L E B R O T H E R S
N E M K W J B N Y X T N H M U
L I Q U I D S W O R D S Y S P
U Z J U Z R Y P X U R C M W L
Q U J P U N C H L I N E V Y G
B S D K R M N C R D J U Z N F
M C B Z I Q B A T S G N I C Y
K H H N H V Q P X M B H O H D
L O F N D H G G R W C M I R P
V O T V N O J H Q T Z A J O Q
N L T Z D D H P A O P T F D H
W L B F O N W R G C M D I E U
A Y S M S A C K P P C X L Z A
I D H E S S A N Q K N L T D R
```

JUNGLE BROTHERS   PUNCHLINE   SCRATCHING

LIQUID SWORDS   SCHOOLLY D

ⓘ **Did you know?** All nine members of the Wu-Tang Clan are present on GZA's „Liquid Swords" as well as Wu affiliate Killah Priest.

```
B Y B W S O W M E N L V V E J
P Q F Z E W Q I T M M X S W X
I X V U J R P H N W V X O M N
L L V F T C I O C D I I T F E
R P U B Q B X C M Q M T F Q W
Z D B D S L W X B L C I B B S
Q O A Z L D Z X A Y J X L Q C
N H H H I I K H V I K B D L H
K P P M C T G R H P Q P X B O
M Y L Y K M J T C E L V F L O
C E H Q R Q J P B M A A B Y L
B Y V K I S W B J C E Q E B R
I J R Y C Y M S Q E P F B B A
M N N U K L H X C E I G I B I
R X C V O T U M K L G K Y R Y
```

EMCEE   NEW SCHOOL   WINDMILL
ERIC B   SLICK RICK

ⓘ **Did you know?** Rapper Slick Rick was born in London, England.

```
X  X  G  D  F  P  J  M  H  E  B  U  D  V  A
H  N  Z  S  P  C  W  L  R  A  D  E  J  N  W
O  M  A  Q  A  V  S  G  P  M  T  T  B  H  K
Y  D  C  R  H  M  H  Y  V  Y  R  G  X  A  T
P  V  L  U  U  E  Q  G  L  L  E  B  W  F  B
K  D  U  C  T  L  Q  C  P  J  E  V  M  N  X
K  Q  O  Z  X  L  M  P  W  D  E  T  Y  M  M
E  W  Q  G  W  E  Y  D  F  Q  E  W  Q  T  T
P  O  E  Y  H  M  G  T  P  N  U  D  D  M  T
P  Q  Y  V  O  E  F  P  X  P  Q  W  Y  W  Q
C  U  P  A  V  L  A  U  U  Y  H  O  T  V  C
W  H  O  L  E  T  R  A  I  N  P  L  Q  R  G
G  P  V  D  G  J  Y  I  J  D  A  M  J  J  C
D  Z  V  A  G  A  D  I  D  A  S  N  C  D  E
E  I  F  I  H  G  Q  U  H  S  Y  T  X  N  A
```

ADIDAS MC LYTE   WHOLETRAIN
GZA   MELLE MEL

ⓘ **Did you know?** With „My Adidas" Run-DMC dedicated their own song to the Adidas sneaker.

```
Z  C  Y  P  R  E  S  S  H  I  L  L  N  T  D
G  X  I  R  K  W  O  F  D  U  W  A  C  T  P
H  F  E  R  U  B  L  Q  H  B  G  J  R  K  T
T  A  T  K  F  I  R  J  B  T  M  S  S  O  G
B  B  S  G  X  M  M  J  P  M  E  H  N  O  W
K  F  Q  R  I  Z  I  Y  W  Y  B  D  P  L  O
A  I  L  V  V  H  A  O  V  M  U  R  J  M  H
T  V  V  A  N  X  C  V  T  C  X  R  B  O  K
S  E  C  U  V  B  E  R  Y  N  L  B  X  E  Q
J  F  E  J  O  O  H  D  E  A  J  X  T  D  B
V  R  A  D  I  T  R  Z  U  W  F  A  P  E  R
M  E  T  U  L  U  Z  F  G  L  R  P  F  E  X
A  D  X  S  O  T  B  G  L  B  S  F  E  X  H
K  D  L  H  K  M  G  Q  F  A  Z  Z  N  M  E
B  Y  S  C  J  P  T  U  H  P  V  H  H  F  P
```

BDP   FAB FIVE FREDDY   KOOL MOE DEE
CYPRESS HILL FLAVOR FLAV

ⓘ **Did you know?** Boogie Down Productions' (short BDP) album „Criminal Minded" is considered a highly influential hip-hop album and one of the first in the gangsta rap genre.

38

SEARCH HERE ↓ → ↗

```
G G J K W J N H R K N V H P N
U S Q U E E N S B R I D G E D
A B H G C O N M Z Y U X G Q G
G C F S W J A K E K E T C H S
G L C H X N O Z G R S L B W A
C S Y H U O K P V S R V R F M
I M N A C N B O G O M C E W C
E O G G W Y O P F N J J A S J
G O E L S P P G P E J E K A P
B T E L X L F H E V T R D T A
T H T V O W I P E L X H A O G
E X W R C B X O T R R X N L U
Q W T F E U G D G I T X C C Z
Z F Y Y W U Y U K H F A E N I
C J N Z G N W J Q N H E B Q M
```

BREAKDANCE CYPHER QUEENSBRIDGE
CL SMOOTH KRS ONE

ⓘ **Did you know?** Breakdancing was first created as a „less lethal" form of fighting between warring African-American gangs in the Bronx.

```
H D Q S Q H C L F Y M D P W H
Z O Z W Y P M P G H T D G D F
Y L T O M P T X L H G K N M Q
G D Y N G H C Z G Q M P J A L
C I R H W H M S A G F U I A W
Z R M G X N E E L D Z G L D B
L T G O A S O T B G W Q W H R
E Y I X O U G C T B Z J B N J
I B K T C I M Z Q O W P C G E
Z A G Q H G W D I Y R P Q D W
V S B D O G G Y S T Y L E Z O
U T H Q Z K I B N F E H A Q P
H A R W R P I T B C I U T D A
R R S A R C U C F A T C A P A
C D L L D Z M S S W Z Z O U P
```

DOGGYSTYLE   GHETTO   OL DIRTY BASTARD
FAT CAP   MPC

ⓘ **Did you know?** Snoop's „Doggystyle" was number one on the Billboard 200 and Rolling Stone listed it at number 14 on their „100 Greatest Albums of the 90s".

```
V G F V P X G M D Z X W Y J M
C C A F F C O F C Q N A S A K
R T I L S U G E K N I G H T C
O E M U B C T F U R C B A P Z
B Y K K Y U L J A Y Z S C W V
O R H D N K M C Y H Y M M F H
S H B Q M S C N Q M G C Q M U
P U V Y R A P I F N A X N K K
V I M O D S Y S U L O L X K R
R T H X K X E O D W D N D S F
V T I A J E Y G Z E X Y R Z X
A P X W C V P J O I A G A L S
I T H E S C O R E F B Q G T I
X O P F P H Q O L K A N V C S
W X S U D I Z M X K W N R V C
```

ALBUM	SUGE KNIGHT	YOUNG MC
JAY Z	THE SCORE	

ⓘ **Did you know?** Jay-Z actually lived in London during the late 1980s.

Solutions

```
A F R I K A B A M B A A T A A
. . . . . . . . . . . . . K
. . . . . . . . . . . C .
. . . . . . . . . O . .
. . . . . . . . R . .
. . . . . . N . S . .
. . . . . W . R . .
. . D . . . O . E B . . .
. . A . . D . K . O . . .
. . S . . . A . . O . . .
. . E . . E . . . M . . .
. . F . N . . . B . . .
. . X . S . . . . A . .
. . . . . . . . . P . .
. . . . . . . . . . . . .
```

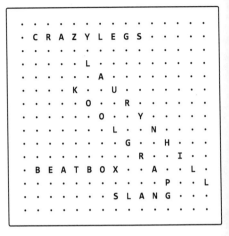

```
. . . . . . . . . . . . . . .
. C R A Z Y L E G S . . . . .
. . . . . . . . . . . . . . .
. . . . L . . . . . . . .
. . . . A . . . . . . .
. . K . U . . . . . .
. . O . R . . . . .
. . O . Y . . . .
. . L . N . . . .
. . G . H . . .
. . R . I . . .
. B E A T B O X . . A . L .
. . . . . . . . . . P . L
. . . . . S L A N G . . .
. . . . . . . . . . . . . .
```

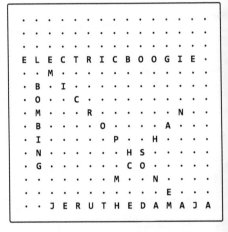

```
. . . . . . . . . . . . L
. B E A S T I E B O Y S . . . O
. . . . . . . . . . . . . . V
. . B . . . . . . . . . . E
. . . R . . . . . . . . B
. . . . A . . . . . . . U
. . . . . N . . . . . G
. . . . . . D . . . . S
. . . . . . . N . . . T
. . . . . . . . U . . A
. . . . . . . . . B . R
. F U G E E S . . I . . S
. . . . . . . . . . A . K
. . . . . . . B B O Y N . I
. . . . . . . . . . . . .
```

```
. . . . . . . . . . . . . .
E L E C T R I C B O O G I E .
. . M . . . . . . . . . . .
. B . I . . . . . . . . . .
. O . . C . . . . . . . . .
. M . . . R . . . . . N . .
. B . . . . O . . . A . .
. I . . . . . P . . H . . .
. N . . . . . H S . . . .
. G . . . . . . C O . . .
. . . . . . . . M . . N . . .
. . . . . . . . . . E . . .
. . J E R U T H E D A M A J A
```

```
D . . T . . . . . . . . .
E . . . U . . . . . . . .
A . . . . R S . . . . . .
T . . . . B N . . . . . .
H . . . M . . T . . . . H .
R . . I . . . . A . . . A .
O . . T . . . . . B . . R .
W . . . . . . . . . L . . D .
R . . . . . . . . . . E T .
E . . . . . . . . . . S O .
C . . . . . . . . . . . E .
O . . . Z U L U K I N G S A .
R . . . . . . . . . . . R .
D . . . . . . . . . . . N .
S . . . . . . . . . . . . .
```

```
. B . T . . . . . . . .
. . I . O . . . . . E . .
. . . G . P . . . . C . .
. . . . D . R . . A . . .
. . . . . A . O F . . . .
. . . . . D R C . . . . .
. . . . . A D . K . . . .
. . . . . . C . . Y . . .
. . . . . S . . . K . . .
. B U S Y B E E S T A R S K I
. . . . . . . . . . N . .
. . . . . . . . . . . E . .
. . . . . . . . . . . . . .
R A P P E R S D E L I G H T .
. . . . . . . . . . . . . . .
```

Solutions

```
C R I M I N A L M I N D E D ·
· · · · · · · · · · · · · ·
· T A G G I N G · · · · · ·
· · S T A T E N I S L A N D ·
· · · K · · · · · · · · · ·
· · · U · · · · · · · · · ·
· · · R · · · · · · T · ·
· · · T · · · · · · E · ·
· · · I · · · · · · C ·
· · · S · · · · · · H ·
· · · B · · · · · · N ·
· · · L · · · · · · I ·
· · · O · · · · · · C ·
· · · W · · · · · · S ·
```

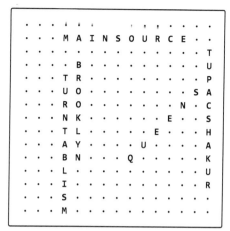

```
· · · · · · ·
· · · · · · ·
Q · · B I L L B O A R D · ·
· U · · · · · · T · · ·
· · E · · · · · O · · · H
M · E · · · · · O · · · Y
· E · N · · · · S · · · P
· · T · L · · · H · · · N
· · · H · A · · O · · · O
· · · · O · T · R · · · T
· · · · · D · I · T · · · I
· · · · · · M · F · · · Z
· · · · · · · A · A · · · E
· · · · · · · · N · · H · · ·
```

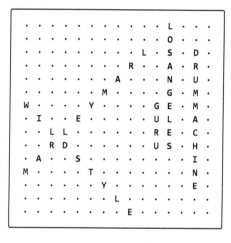

```
· · · · · · ·
· · · · · · ·
· · · · · · · F
· · · · · · · U
· · · · · · · R
· · · · S · · · B · · I ·
· · · · P · · · R · · O B
· · · · R · · · E · · U O
· · · · A · · · A · · S O
R · · · Y · · · L · · F M
· A · · C · · · · · · I B
· · K · A · · · · · · V O
· · · I · N · · · · · · E X
· · · · M · · · · · · · ·
· · · · · · · · · · · ·
```

```
· · P · · · · · · ·
P · · L · · · · · ·
R · · · A · · · · ·
O · · · · N · · · ·
D · · · · E · · · ·
U · · · · · T · · · B ·
C · · · · · R · · · A ·
E · · · · G · O M · · T ·
R · · · · N · E C · · T ·
· · · · I · L · K L ·
· · · P · R · · · · E ·
· · P · A · · · · · R ·
· O · · H · · · · · A ·
· P · · · · · · · · P ·
```

Solutions

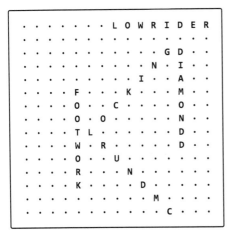

```
·  ·  ·  ·  ·  ·  ·  L  O  W  R  I  D  E  R
·  ·  ·  ·  ·  ·  ·  ·  ·  ·  ·  ·  ·  ·  ·
·  ·  ·  ·  ·  ·  ·  ·  ·  G  D  ·  ·
·  ·  ·  ·  ·  ·  ·  ·  N  ·  I  ·  ·
·  ·  ·  ·  ·  ·  ·  I  ·  ·  A  ·  ·
·  ·  F  ·  ·  K  ·  ·  M  ·  ·
·  ·  O  ·  C  ·  ·  O  ·  ·
·  ·  O  ·  O  ·  ·  ·  N  ·  ·
·  ·  T  L  ·  ·  ·  ·  D  ·  ·
·  ·  W  ·  R  ·  ·  D  ·  ·
·  ·  O  ·  U  ·  ·  ·  ·  ·
·  ·  R  ·  ·  N  ·  ·  ·
·  ·  K  ·  ·  ·  D  ·  ·  ·
·  ·  ·  ·  ·  ·  ·  M  ·  ·  ·
·  ·  ·  ·  ·  ·  ·  C  ·  ·  ·
```

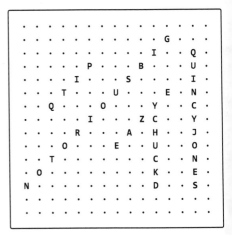

```
·  ·  ·  ·  ·  ·  ·  ·  ·  ·  ·  ·  ·  ·  ·
·  ·  ·  ·  ·  ·  ·  ·  ·  ·  G  ·  Q  ·
·  ·  ·  ·  ·  ·  ·  ·  I  ·  ·  Q  ·
·  ·  ·  ·  ·  P  ·  ·  B  ·  ·  ·  U  ·
·  ·  ·  I  ·  ·  S  ·  ·  ·  I  ·
·  ·  T  ·  ·  U  ·  ·  E  ·  N  ·
·  Q  ·  ·  O  ·  ·  Y  ·  C  ·
·  ·  ·  I  ·  ·  Z  C  ·  Y  ·
·  ·  R  ·  ·  A  ·  H  ·  J  ·
·  ·  O  ·  ·  E  ·  ·  U  ·  O  ·
·  ·  T  ·  ·  ·  ·  C  ·  N  ·
·  O  ·  ·  ·  ·  ·  K  ·  E  ·
N  ·  ·  ·  ·  ·  ·  D  ·  S  ·
```

```
·  ·  ·  ·  ·  ·  ·  ·  ·  ·  ·  ·  ·  ·
T  ·  ·  ·  ·  ·  ·  ·  ·  ·  ·  ·  ·  ·
O  ·  ·  ·  ·  ·  ·  ·  ·  ·  ·  ·  ·  ·
N  ·  ·  ·  ·  I  C  E  T  ·  ·  ·  ·
Y  ·  ·  ·  ·  ·  ·  ·  ·  ·  ·  E
T  ·  ·  ·  ·  ·  ·  ·  ·  R  ·
O  ·  ·  ·  ·  ·  ·  ·  D  ·  ·
U  ·  R  E  C  O  R  D  S  ·  ·  R  ·  X
C  ·  ·  ·  ·  ·  ·  D  ·  I  ·
H  ·  ·  ·  ·  ·  ·  M  ·  ·
·  ·  ·  ·  ·  ·  ·  E  ·  ·  ·
·  ·  ·  ·  ·  ·  R  ·  ·  ·  ·
·  ·  ·  ·  ·  ·  ·  ·  ·  ·
·  ·  ·  ·  ·  ·  ·  ·  ·  ·
```

```
·  ·  ·  ·  ·  O  N  Y  X  ·  ·  ·  ·
·  ·  ·  ·  ·  ·  ·  ·  ·  ·  ·  ·  ·
·  ·  ·  ·  ·  ·  ·  R  ·  ·  ·  ·
·  ·  ·  ·  ·  ·  ·  A  ·  ·  ·
·  ·  ·  ·  ·  ·  P  ·  ·  ·
·  ·  ·  ·  ·  ·  P  ·  ·
·  ·  ·  ·  ·  E  ·  ·
·  ·  ·  ·  ·  ·  ·  R  ·
·  ·  G  A  N  G  S  T  A  R  A  P  ·  ·
·  ·  ·  ·  ·  ·  ·  ·  ·  ·  ·  ·
·  L  O  R  D  F  I  N  E  S  S  E  ·  ·  ·
·  ·  ·  ·  ·  ·  ·  ·  ·  ·  ·  ·
·  ·  ·  ·  ·  ·  N  E  W  Y  O  R  K  ·
```

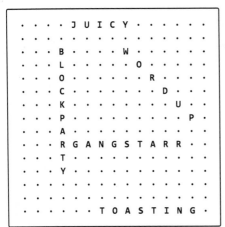

```
·  ·  ·  ·  J  U  I  C  Y  ·  ·  ·  ·  ·
·  ·  ·  ·  ·  ·  ·  ·  ·  ·  ·  ·  ·
·  ·  ·  B  ·  ·  ·  W  ·  ·  ·  ·  ·
·  ·  ·  L  ·  ·  ·  ·  O  ·  ·  ·  ·
·  ·  ·  O  ·  ·  ·  R  ·  ·  ·  ·
·  ·  ·  C  ·  ·  ·  D  ·  ·
·  ·  ·  K  ·  ·  ·  U  ·  ·
·  ·  ·  P  ·  ·  ·  P  ·  ·
·  ·  ·  A  ·  ·  ·  ·  ·  ·
·  ·  R  G  A  N  G  S  T  A  R  R  ·  ·
·  ·  ·  T  ·  ·  ·  ·  ·  ·  ·  ·
·  ·  ·  Y  ·  ·  ·  ·  ·  ·  ·
·  ·  ·  ·  ·  ·  ·  ·  ·  ·  ·
·  ·  ·  ·  ·  ·  T  O  A  S  T  I  N  G  ·
```

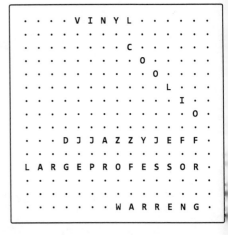

```
·  ·  ·  ·  V  I  N  Y  L  ·  ·  ·  ·  ·
·  ·  ·  ·  ·  ·  ·  ·  ·  ·  ·  ·  ·
·  ·  ·  ·  ·  ·  ·  C  ·  ·  ·  ·  ·
·  ·  ·  ·  ·  ·  ·  O  ·  ·  ·  ·
·  ·  ·  ·  ·  ·  ·  O  ·  ·  ·  ·
·  ·  ·  ·  ·  ·  ·  L  ·  ·  ·
·  ·  ·  ·  ·  ·  ·  I  ·  ·
·  ·  ·  ·  ·  ·  ·  O  ·  ·
·  ·  ·  D  J  J  A  Z  Z  Y  J  E  F  F
L  A  R  G  E  P  R  O  F  E  S  S  O  R  ·
·  ·  ·  ·  ·  ·  ·  ·  ·  ·  ·  ·  ·
·  ·  ·  ·  ·  ·  ·  W  A  R  R  E  N  G  ·
```

Solutions

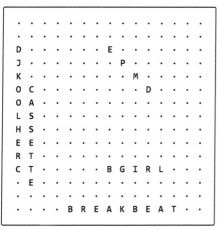

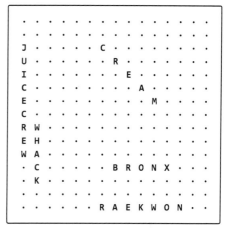

Solutions

```
· · B E A T S T R E E T · · ·
· · · · · · · · · · · · · · ·
· · · · · · · · · · · · · · ·
· · · · · · · · · · · · · · ·
P E T E R O C K · · · · · · ·
· · · · · · · · · · · · · · ·
· · R E D M A N · R · · · · ·
· · · · · · · · E · · · · · ·
· · · · · · · M · · · · · · ·
· · · · · · M · · · · · · · ·
· · · · · A · · · · · · · · ·
· · · · H · · · · · · · · · ·
· · · C · · · · · · · · · · ·
· · M · · · · · · · · · · · ·
· · G E T O B O Y S · · · · ·
```

```
· P · · · · · · · · · · · · ·
· U · · · · · · · · · · I · ·
· B · · · · M · · · · · L · ·
· L · · · A · · · · · · L · ·
· I · · · K · · · · · M · · ·
· C · · · A · · · · · A · · ·
· E · · · V · · · · T · · · ·
· N · · · I C E C U B E I · ·
· E · N · · L · · · · C · · ·
· M · W · · I · · · · · · · ·
· Y · A · · · · · · · · · · ·
· · · · · · · · · · · · · · ·
· · · · · · · · · · · · · · ·
· · · · · · · · · · · · · · ·
```

```
· · · · · · · · · · · · · · ·
· · · · · · · · · · · · · · ·
· T · · · · · S · · · · · · ·
· H · · · M · A · · · · · · ·
· E · · · A · M · · · · · · ·
· P · · S · P · · · · · · · ·
· H · · T · L · · · K · · · ·
· A · · A · I · N · · · · · ·
· R · · K · N U · · · · · · ·
· C · · I · G F · · · · · · ·
· Y · · L · G · · · · · · · ·
· D · · L · · · · · · · · · ·
· E · · A · · · · · · · · · ·
· · · · · · · · · · · · · · ·
N A U G H T Y B Y N A T U R E
```

```
· · · · · · · · · · · · · · R
· · · · · · · · · · · L · · E
· · · · · · · · · · O · R · A
G · · · · · · O · E · · S · ·
R · · · · · H · I · · · · · O
A · · · · C · M · · · · · · N
V · · · S · E · · · · · · · A
E H · · D · R · · · · · · · B
D E · L · P · · · · · · · · L
I A O · · J · · · · · · · · E
G D · · D · · · · · · · · · D
G S · · · · · · · · · · · · O
A P · · · · · · · · · · · · U
Z I · · · · · · · · · · · · B
· N · · · · · · · · · · · · T
```

```
· · · · · · · · · · · · · · ·
· · S O U T H B R O N X · · ·
· · · · · · · · · · · · · · ·
· · · · · · · · · · · · W · ·
· · · · · · · · · · · · T E ·
· · · L L C O O L J · · H S ·
· · · · · · · · · · · · E T ·
· · · · · · · · · · · · I C ·
· · · · · · · · · · · · N O ·
· · · · · · · · · · · · F A ·
· · · · · · · · · · · · A S ·
· C R E W · · · · · · · M T ·
· · · · · · · · · · · · O · ·
· · · · · · · · · · · · U · ·
· · · · · · · · · · · · S · ·
```

```
· · · · · · · · · · · · · · ·
· · D O U G E F R E S H J · ·
· · · · · · · · · · A · ·
· · · · · · · · · T · M · ·
· · · · · · · · S · · M · ·
· · · · · · · A · · · A · ·
· · · · · · O · · · · S · ·
· · · · · C · · · · · T · ·
· · · · T · M O B B D E E P ·
· · · S · · · · · · · R ·
· · A · · · · · · · · J ·
· E · · · · · · · · · A ·
· · · · · · · · · · · Y ·
· · · · · R E A D Y T O D I E ·
```

46

Solutions

47

Solutions

Grid 1:
```
. C Y P R E S S H I L L . . .
. . . . . . . . . . . . . .
. F . . . . . . . . . . K .
. A . . . . . . . . . . O .
. B . . . . . . . . . . O .
. F . . . . . . . B D P L .
. I L . . . . . . . . . M .
. V . A . . . . . . . . O .
. E . . V . . . . . . . E .
. F . . O . . . . . . . D .
. R . . . R . . . . . . E .
. E . . . . F . . . . . E .
. D . . . . . L . . . . .
. D . . . . . . A . . . .
. Y . . . . . . . V . . .
```

Grid 2:
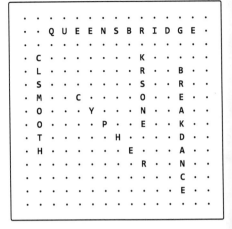
```
. . . Q U E E N S B R I D G E .
. . . . . . . . . . . . . . .
. C . . . . . . . K . . . .
. L . . . . . . . R . . B .
. S . . . . . . . S . . R .
. M . . C . . . . O . . E .
. O . . . Y . . . N . . A .
. O . . . . P . . E . . K .
. T . . . . . H . . D . .
. H . . . . . . E . . A .
. . . . . . . . . R . . N .
. . . . . . . . . . . . C .
. . . . . . . . . . . . E .
```

Grid 3:
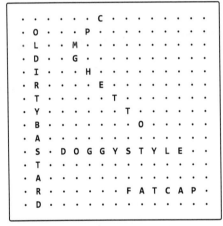
```
. . . . . C . . . . . . .
. O . . . P . . . . . . .
. L . M . . . . . . . . .
. D . G . . . . . . . . .
. I . . H . . . . . . . .
. R . . . E . . . . . . .
. T . . . . T . . . . . .
. Y . . . . . T . . . . .
. B . . . . . . O . . . .
. A . . . . . . . . . . .
. S . D O G G Y S T Y L E . .
. T . . . . . . . . . . .
. A . . . . . . . . . . .
. R . . . . . F A T C A P .
. D . . . . . . . . . . .
```

Grid 4:
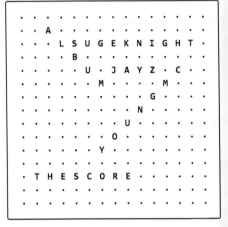
```
. . . . . . . . . . . . .
. A . . . . . . . . . . .
. . L S U G E K N I G H T .
. . B . . . . . . . . . .
. . . U . J A Y Z . C . .
. . . . M . . . G . M . .
. . . . . . . . N . . . .
. . . . . U . . . . . .
. . . . . O . . . . . .
. . . . Y . . . . . . .
. . . . . . . . . . . .
. T H E S C O R E . . . .
. . . . . . . . . . . .
. . . . . . . . . . . .
```

My Notes

Publisher: Marcel Gorgolewski · Matthias Claudius Str. 7a · 21502 Geesthacht, Germany

Made in the USA
Middletown, DE
25 August 2023

37382309R00029